LES ROIS SONT MORTS....
VIVE
LA RÉPUBLIQUE!!!

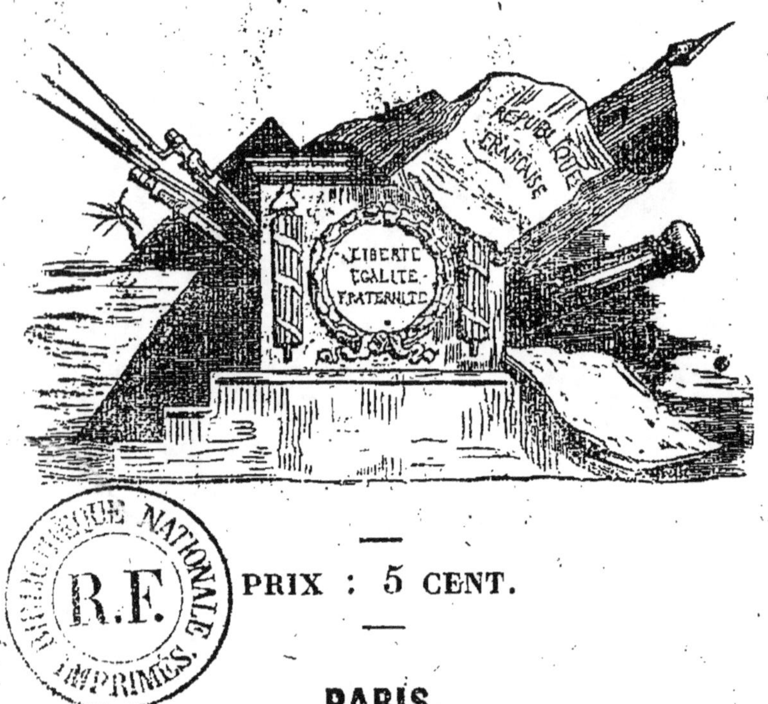

PRIX : 5 CENT.

PARIS.

CHEZ TOUS LES MARCHANDS DE JOURNAUX.

1849.

LES ROIS SONT MORTS....

VIVE

LÀ RÉPUBLIQUE!!!

—————

Citoyens,

La discussion libre a été bannie des clubs où l'on aurait pu la rendre pacifique et instructive pour le peuple ; elle est baillonnée dans les journaux, qui ne demandaient pas mieux que de lui donner un langage sincère, et qui sont maintenant parfois réduits à la faire écumer de

dépit et de colère, grâce à cet horrible
baillon qui lui étreint la bouche ; elle est
traquée, bâtonnée, violée jusque dans
le sanctuaire de la souveraineté populai-
re, dans nos réunions électorales dont
les portes ont été fermées par l'indigna-
tion de cette souveraineté outragée.

Aussi elle n'a plus qu'un parti à prendre : descendre s'établir dans la rue, et
emprunter la voix du crieur public pour
s'annoncer à vous surtout qui, par faiblesse d'esprit, vous êtes laissés décorer
du titre sonore de *bourgeois*.

Or ça donc, bourgeois, écoutez la discussion vous parlant avec le calme de la
vérité, avec la rudesse de la franchise.

Il y a quelques mois à peine, vous étiez
puissants, vous aviez les destinées du
pays entre les mains. Justement indignés
dans le fond de vos consciences honnêtes,
quoi qu'on en dise et quoique vous sem-
bliez vouloir faire paraître le contraire,
justement indignés, dis-je, des corrup-

tions pestilentielles d'un gouvernement félon et parjure, vous veniez d'aider le peuple des prolétaires à retirer de l'ornière profonde et bourbeuse du régime constitutionnel, le char de la Révolution.

Vous pouviez alors, vous deviez le guider, ce char de la révolution; c'était à vous de prendre en mains les rennes flottantes sur la crinière hérissée de ses coursiers inpétueux, non pour les arrêter mais pour diriger leur course sur le chemin uni de l'avenir. Tel était votre droit, tel était votre devoir, car vous, les aînés de l'œuvre de l'émancipation humanitaire, vous aviez l'instruction qui enseigne les moyens, et la fortune qui donne la force de les exécuter.

Vous n'en avez rien fait: l'or qui glace vos mains a engourdi vos cœurs et vos esprits, et dans la crainte de faire quelques légers sacrifices, vous vous êtes volontairement exposés à naufrager, malgré la fausse boussole de votre égoïsme,

dans la tempête que vont peut-être sou-
lever les misères sans nombre des prolétaires déjà disposés à vous demander
compte de la mission que vous avait as-
signée la Providence.

Bourgeois, vous étiez forts il y a
quelques mois; vous éleviez un front se-
rein au-dessus des ruines que la chute
des intrigants avaient amoncelées sur
vos pas, et voilà que vous courbez de
nouveau ce front sous le joug perfide de
ces mêmes intrigants que vous méprisez
au fond du cœur...

Vous étiez forts et puissants, car il
eut suffi de dire alors, nous *voulons*,
pour que le succès obéit aussitôt à votre
parole. En ce moment solennel, si vous
eussiez dit à vos frères les prolétaires :
*Oublions tout, oublions nos injustes
rancunes*, cette agitation qui a tant nui
à vos intérêts eût cessé aussitôt.

En un mot, vous n'aviez qu'à leur
faire la proposition suivante :

« Nous sommes las de vivre dans des temps de tourmentes et de convulsions; les monarchies se sont succédé sans y remédier. Nous avons aujourd'hui la République, eh bien, saluons-là d'une acclamation unanime et sincère, livrons-nous à elle avec confiance! Pour cela, faisons chacun de notre côté le sacrifice de nos préférences personnelles pour les hommes qui doivent guider l'essor de cette jeune République. Vous n'aimez pas les ambitieux de toutes couleurs, comme vous les appelez, qui ont pris part de loin ou de près aux gouvernements antérieurs ; nous, pour notre part, nous avons la faiblesse de redouter l'ardeur des défenseurs enthousiastes de vos droits ; eh bien ! tout en gardant pour eux le culte de la reconnaissance, éloignez ceux-ci du pouvoir, comme nous en écarterons ceux-là. A des temps nouveaux des hommes entièrement nouveaux, et choisissons, nous commerçants, nos représentants, vous ouvriers et agriculteurs, les vôtres ! N'avons-nous plus d'honnêtes gens en France ? C'est là seulement ce qu'il nous faut.

Que serait-il arrivé de cette proposition ? Les vrais défenseurs des prolétaires eussent fait avec joie le sacrifice de leur juste ambition de concourir de leurs propres mains au bonheur de leurs frères, puisqu'ainsi ils atteignaient le même but ; et les hommes du passé, réduits au silence, n'auraient pu s'opposer à ce beau rôle, que vous entrepreniez de mener à bien, et sans secousse, notre Révolution de 1848.

Aujourd'hui, il est trop tard ; le présent est impuissant contre le passé ; vous n'avez plus qu'une seule chance d'étouffer les discordes : c'est le VOTE ; malheur à vous, si vous ne tirez profit des questions que je vais vous poser.

Souvenez-vous de 93, où la réaction, malgré les efforts d'hommes puissants

par le peuple, amena de si terribles re-
présailles.

Robespierre.

OUI ET NON.

OUI

Voulez-vous jouir en toute tranquillité de votre fortune ? Oui.

Voulez-vous par conséquent éviter les chances de nouvelles émeutes, de nouvelles révolutions ? Oui.

Voulez-vous avoir pour gouvernants des honnêtes gens qui n'aient pas besoin de vous pressurer d'impôts pour faire leur fortune ? Oui.

Est-il possible d'avoir une organisation judiciaire plus impartiale et moins ruineuse ? Oui.

Est-il facile de se débarrasser des ambitieux et des avides de pouvoir sous tous régimes ? Oui.

N'est-il pas nécessaire, pour votre

tranquillité, d'élever au niveau du vôtre, le moral des classes ouvrières par une saine éducation ? Oui.

Croyez-vous que le budget ne puisse être revisé et allégé de nouveau ? Oui.

N'y aurait-il pas de moyens plus honorables pour notre drapeau national que l'envoi de nos soldats aux barricades de Rome? Oui.

Mirabeau.

NON

Est-il possible de jouir de la tranquillité, tant que les gouvernants s'occupe-

ront plus de la guerre aux portefeuilles que de la guerre aux abus ? Non.

Peut-on avoir une sage et bonne administration de l'Etat avec des hommes qui ont usé déjà leur peu de capacités sous toutes les dynasties ? Non.

Et à ce point de vue, les Montalembert, Thiers, Guizot, Odilon-Barrot, enfin toutes les nullités bruyantes de la rue de Poitiers, sont-ils des gens nouveaux ? Non.

Peut-on décerner à ces mêmes hommes le brevet d'honnêteté en politique ? Non.

Voulez-vous payer par cinq et six fois, la Restauration de l'Empire, le renversement de l'Empire, la Restauration d'Henry V, le renversement d'Henry V ; la Restauration du comte de Paris, le renversement du comte de Paris ? Non.

Et outre cela, voulez-vous payer à l'instar des bourgeois Piémontais, quelques centaines de millions à vos bons alliés Autrichiens et Cosaques ? Non.

Marat.

Votez donc alors pour des hommes qui n'auront pas, comme ceux que vous patronnez, dupes que vous êtes, des antécédents politiques aussi compromis.

Choisissez parmi vous un seul hon-
nête homme.

Francklin.

Et vous pourrez alors crier en toute sûreté :

Les rois sont morts... Vive la République!

CASIMIR PERTUS.

PARIS. Imp- de MAISTRASSE et Cie, place du Cheva. du Guet. 3.